Ignacio Cartagena

EUROPA CUANDO LLUEVE

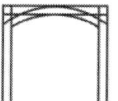

Editorial Dilema
Madrid, 2025

Colección de poesía dirigida por Antonio Ortega

© Ignacio Cartagena, 2025
© Editorial Dilema, 2025
Ibáñez Marín, 11 - 28019 Madrid
Teléfonos: 91 472 90 71 - 670 367 479
info@editorialdilema.com
www.editorialdilema.com

ISBN: 978-84-9827-720-3
Depósito legal: M-20574-2025

Diseño de Colección: María Pérez-Aguilera
Diseño de Portada: Esther Hernández

Foto de la solapa: Andrés Aberasturi

Maquetación: Esteban Gancedo

Europa es un soldado dormido sobre su mochila.

Raúl González Tuñón

Appesi ai chiodi
i miei vestiti quotidiani
la giacca i pantaloni le camicie [...]
quante stagioni hanno attaversato con me
e quante dittature
e quanta libertà.

Gëzim Hajdari

Madrid, 12 de septiembre de 2018

Querido autor:

Le damos las gracias por la remisión de su manuscrito, donde se aprecia una evolución respecto de sus libros anteriores.

Por desgracia, su poemario nos llega tarde: por las circunstancias actuales, nuestra editorial se ha visto obligada a cancelar la colección de poesía. El cierre de muchas librerías y los costes de editar en papel –formato que también iremos abandonando– nos han llevado a esta drástica decisión.

Mantenemos únicamente nuestra colección de crónicas de viajes, que en los últimos tiempos nos ha dado algunas alegrías. Usted, por su profesión de representante comercial, ha tenido que viajar mucho por Europa, y en un momento crucial de su historia reciente. Algún diario que conserve guardado en un cajón podría encajar mejor en nuestro sello que un nuevo libro de poemas.

Si tiene algún inédito de viajes, no dude en enviárnoslo para una valoración. Si por el contrario decide insistir con sus poemarios, no se desanime: por alguna misteriosa razón, el número de pequeñas editoriales tiende a crecer en tiempos de crisis. En una de ellas quizá le sea posible encontrar acomodo para su interesante obra.

Reciba un cordial saludo,
Los editores

Estimados Sres.:

Acuso recibo de su carta en la que, declinando publicar mi último poemario, me invitan a probar suerte con las crónicas de viajes. En efecto, recorrí Europa muchas veces, como representante de varias multinacionales, antes y después de la caída del Muro. No tardé en darme cuenta de que la peripecia histórica de aquella Europa guardaba cierto parecido con mi propia vida: un matrimonio enfriado por los años y un régimen político desprovisto de toda credibilidad; un divorcio tempestuoso y unas transiciones caóticas, disfrazadas de liberación. Finalmente, pasado un tiempo, un desencanto sereno, liberal y democrático, ya sin credo político ni ataduras afectivas, muy propio de un hombre mayor (y también de un viejo continente).

Por desgracia, de mis andanzas europeas nunca llevé un diario. Ponerme a escribirlo a estas edades sería un ejercicio triste, nostálgico e impostado. Por aprovechar su oferta de valoración, he reunido algunos de mis poemas inéditos, relacionados de manera diagonal con Europa y también, como digo, con mi propia vida:

1. Los frágiles deshielos *es una colección de postales de los países del Este, antes y después de la caída del Muro, que fui recogiendo durante mis viajes.*
2. La convención de Ginebra *resume mi vida, con mujer e hijos, en Ginebra y otras ciudades de Europa occidental.*

3. La edad de las golondrinas *es la suma de todas las noches de hotel y todas las mujeres que me aligeraron la soledad, antes incluso –lo confieso– de separarme de la mía.*
4. Un cuento victoriano *es el relato de una hora del té: tras mi divorcio hice una visita a una antigua novia de juventud, una inglesa que vivía en York, con la vana esperanza de reavivar una llama extinguida.*
5. En Las escalas de Poniente *recojo algún poema reciente que me ha salido con vocación de póstumo. Quiero pensar que se trata de una vocación precoz, aunque el resultado de los últimos análisis no deje mucho lugar a la esperanza.*

Al conjunto –de manera provisional– le pondría el título de Europa cuando llueve, *para acomodarlo al cambio de rumbo de su editorial y también, en parte, como pequeño homenaje al gran cantante italiano Paolo Conte, una de cuyas canciones más logradas contiene estos cuatro versos:* "Si, tu parlavi difficile/ come fa l'Europa quando piove/ e si rintana a dipingere/ le isole del sogno".
Dudo que este material pueda encajar en su colección de crónicas de viajes, pero es lo más parecido que encontré a ese género entre mis poemas. Más allá de este itinerario crepuscular por la Europa que he vivido, no creo que me quede nada por decir.

Un cordial saludo,
El autor

LOS FRÁGILES DESHIELOS

Toda la Historia cabe en un vaso de agua

Agustín Delgado

Salime al campo: vi que el sol bebía
los arroyos del hielo desatados

Francisco de Quevedo

LA ENTRADA EN TU PAÍS

Si pongo un pie en tus pasos fronterizos
me observas como haría un inspector a un sospechoso:
relees mi sonrisa con los labios
(los sellos de otros viajes suelen ser determinantes).

Tu gesto no me inquieta: en esta parte
del mundo, no conozco una aduana
que no pueda cruzarse con un poco de mordida.

Y luego, tras un rato, en que mis nervios
comienzan a volverse perceptibles
—Prosiga –esperaría que dijeras. Pero dices:

—Cuidado, por favor: no me hagas daño.

Varsovia, 91

LA ESPOSA DEL VIOLISTA

La esposa del violista era invidente.
Se habían conocido en los primeros
compases de un concierto de Corelli
en un teatro tenue de provincias.

—Hoy he paladeado —ella le dijo—
las notas que se escuchan siendo ciega.
Y entonces él tomó su mano pálida
besándosela tibia, castamente...

Llegó, discreta, la fama de los músicos
(Viena, París, Londres, Estocolmo),
la casa en las afueras de Lucerna,
la viola, una *Guarnieri*, a treinta años.

Llegaban al teatro sonrientes y puntuales
(«*la cieca e il marito*», los llamaban en *La Scala*).
Él iba por delante, como un perro lazarillo,
(bastón, programa en braille, asiento para minusválidos).

Después, tras los saludos, el violista
guiaba a su mujer entre pasillos
(colillas, nervios, fundas de instrumento)
al *tempo* azul de hoteles con moqueta

y allí, junto a la cama, le quitaba los zapatos,
las medias. Le ponía un camisón
ligero, agua con gas, media pastilla.
Y a veces, le leía una novela...

Se habían prometido tener hijos.
Algún día.

Sofía, Hotel Continental, enero del 89

RACIONAMIENTO

Hacía frío ante el supermercado
cerrado aún. Algunos viandantes
formaban una hilera siberiana
(temblores en las manos, pies inquietos,
ojeras y crujidos de mandíbula).
La asiática que estaba de cajera
les dio paso al local. Entraron todos
con prisa, sin mirar otros productos
(cafés, pan, chocolates). Al final
se erguía la basílica ortodoxa
del vodka *Russki Standard*
con todas sus vidrieras encendidas.

Cogieron, uno a uno, su botella.

Caído el zar, nevó todo el invierno.

Moscú, 91, 7:00

EL VAGABUNDO

Digamos que fue así, como lo cuentas.
¿Crees que alguien más que yo, y tal vez la víctima,
podríamos creerte?

Volvamos a empezar: no había un alma
(ni un alma que pudiera confirmarlo).

Por no hacértelo encima, te buscaste
un hueco en un portal, contra una tapia.

Entonces escuchaste aquellos pasos
y viste aquella sombra proyectada en la pared.

Tenías en la mano el vaso largo,
con tres o cuatro hielos
y el borde roto, o casi. (Mejor eso
no lo digas).

Quizá solo quería pedirte un cigarrillo.
¿Quién sabe? Con la noche tan encima
cualquiera en tu lugar habría hecho
lo que hiciste.

Ya no le des más vueltas: a estas horas
si no te han denunciado,
no era nadie.

Bucarest, 93

NIGHTY

Ya puede palpar, casi, sus traslúcidos latidos.

Ya cede, ya del todo, la pestaña del sostén
y allí aparecen, juntas, en sus manos,
tan tristes como el día en que nacieron.

Inicia su descenso hacia los bordes
de un rombo de un tejido comestible.

Es todo lo que queda por quitarle.

Y luego, sin saber cómo seguir
–tal vez por recrearse en la liturgia–
sondea con la vista, en la penumbra,
el reservado:
la nube de humo denso, un par de copas,
el ámbar del coñac, el falso azul
de la ginebra.

—Lo más difícil siempre es el principio.
Si vences el pudor, ya ni te acuerdas
–le dijeron.

—Qué lástima –se dice, mientras roza
los pechos de la actriz
poniendo cara de mastín en celo–
ya nunca volverás a imaginártela desnuda.

Budapest, 95

20

EL TRANSIBERIANO

¿Recuerdas? Eran tres y convivían
en un compartimento como el nuestro.
Los «tres tristes tayikos», los llamabas.
Debían dormir juntos en el único camastro,
quién sabe si por turnos. Saludaban

con gestos microscópicos, frunciendo
los ojos de esquimal tallados a cuchillo.
Pasaban la mañana en el vagón-cafetería
muy cerca de la brasa macilenta de la *chaika*
jugando meteóricas partidas de *backgammon*.

¿Viajaban a Moscú los tres tayikos?
¿Querían ir más lejos? ¿Qué buscaban?
¿Quizás algún empleo, la asistencia
de un primo policía, un pasaporte
robado, sortear otra aduana?

¿Y si fueran uno en vez de ser un trío?
¿Serían tan completamente *nadie*?
Rodaba el tren oscuro en la llanura
desierta, entre estaciones despobladas,
bajo una luz azul, de frigorífico.

Y a mí me daba miedo que de noche,
pudieran, los tayikos, despertarse
con ese maullido del somier
—mi cuerpo sobre el tuyo— y el *trac
trac trac, trac trac, trac trac, trac trac...*

Al margen de pensar en los tayikos
no hicimos mucho más en aquel viaje.

Quizá solo el amor,
                    por hacer algo.

Rusia, cerca del Baikal, 93

LA PALOMA

La vi cuando volvía del trabajo.

Tenía un ala rota, machacada.

Le di de beber agua con una jeringuilla.

Bajé al supermercado, pero no quedaba alpiste.
Tenían pan con sésamo: raspé, de la corteza,
semillas. Unas cuantas. Con un dedo
le abrí el pico.

Compré, poco después, la jaula grande
y luego la pareja de canarios (me gustaba
pensar que a la paloma le podrían
hacer gracia).

Un día –ya pasados unos meses–
no estaba en el balcón.

Había deformado los barrotes con las garras.

Los dos canarios, muertos: esponjas amarillas
sobre una mancha roja. Degollados.

No supe interpretar aquella despedida.

No entendí
su nota mal escrita en una lengua eslava.

Timisoara, diciembre, 95

23

UN CUADRO DE ALEKSANDR DEINEKA

El óleo espera, todo cuarteado,
su turno en un rincón de la subasta.

Tú corres por la orilla como Stalin
te trajo al mundo:
sin más vestido que un pañuelo rojo.

Te paras, nos observas: la arrogancia
del muslo, la franqueza del ombligo,
la pálida cintura insobornable,
los gestos luminosos, afilados.

Detrás, un escuadrón de pioneros
–con cuádriceps de acero y aluminio–
circula en formación y sin mirarte.

Se trata de un buen cuadro, está bien hecho.
Pero esa indiferencia que tu cuerpo
suscita entre la tropa adolescente
no acaba de encajar en la utopía.

Se intuye un fondo trágico, enfermizo.

Es un día de sol en el mar Negro.

Yalta, enero, 2002

24

EL GUARDAESPALDAS

Debía proceder de algún lugar del Cáucaso.
Sus ojos eran gruesos, brillantes, excesivos.

Le habían ayudado a redactar, sobre un cartón,
un cuento lacrimógeno: mayúsculas y faltas.
Los brazos siempre en cruz, y de rodillas,
buscaba caridad, sin obtenerla:
no habría veinte rublos en el fondo del sombrero.

Algún año después lo volví a ver.
Vestía un traje negro de raya diplomática.
Pasó fugaz, directo al *Bentley* aparcado
delante de la puerta giratoria. En su interior
logré intuir dos piernas con tacón de aguja.

Me vi un poco mayor en los espejos de sus gafas:
los ojos del mendigo, sus pozos con monedas,
ahora eran los míos y seguían mendigando.

Moscú, calle Tverskaia, 98

25

BANDERAS DE CONVENIENCIA

Están la base, el pueblo, la refinería
y el muelle de los grandes petroleros.

Son buques viejos, carne de desguace,
con anclas tumefactas de alquitrán.

A fin de mes, dos lanchas fueraborda
les llevan tripulantes de refresco:
birmanos, indonesios, filipinos
sonríen ateridos al subir por las escalas.

Algunos desembarcan: se los llevan,
provistos de unos vales para vodka,
directos a un hotel de diligentes camareras.

Se abrazan, se emborrachan, se enamoran
por turnos, nunca más de media hora.

Y brindan por la patria, la que toque:

Liberia, Malta, Chipre, Panamá.

Murmansk, 99

MOX

El día más allá del fin del mundo será un lunes.
Ya no tendremos dientes. Ya no tendremos manos.

«Ni muertos hablaréis más de la cuenta, camaradas.
Sabed que el enemigo puede estar en cualquier lado».

Veremos al vecino con recelo, con sospecha,
tratando de intuir si está dispuesto a traicionarnos

(un solo desertor podría hacer sonar la alarma
que activa el protocolo del perdón de los pecados).

El día más allá del fin del mundo será un lunes.
Ya no tendremos dientes. Ya no tendremos manos.

Seremos unas vagas quemaduras habitables,
centrales nucleares de monóxido de uranio.

Ucrania, Chernóbil, 98

La convención de Ginebra

Es la estación de los alimentos fríos.

Alejandra Pizarnik

Seltsam, im Nebel zu wandern!
Kein Mensch kennt den andern.

Hermann Hesse

CLAVELES

No importa que te abrace y, con un gesto de confianza,
te diga que aún tengo controlada tu cintura.

No importa que te explique que, con una señal mía,
mis huellas dactilares tomarían tus caderas.

No importa que imagines que conservo mi carisma
(que he puesto a mis gendarmes en las pecas de tu espalda).

No importa que te diga que seguimos siendo uno.
No importa que tengamos incontables partidarios.

Pues nada puedo hacer contra los sables en tus ojos:
ya estás tramando un golpe contra el tiempo que nos queda.

Lisboa, 2002

CENA DE ANIVERSARIO

—Emigran desde el Sáhara, con las nubes de calima
y, muertas, aterrizan, al comienzo del otoño,
en una cala humilde, de paellas con sangría,
terrazas sin barrer, carteles azulados
por el sol. Son langostas africanas,
las primas voladoras del centollo de vivero
que tienes en el plato... No me mires
así, te estoy diciendo la verdad.

Tendría yo la edad de nuestro hijo
y estaba haciendo pis sobre un macizo de geranios.
Allí encontré el insecto medio moribundo,
pequeño calcetín vuelto del revés.
Le vi mover las patas, las antenas. Sentí curiosidad:
¿a qué sabría?
Lo puse en una mano para verlo más de cerca
y no tardé en mascar esa cabeza
crujiente, extraterrestre. Me sabía a pan tostado...
Mi madre se dio cuenta, gritó, me cogió en brazos
Tiré con pena el resto, sobre un tronco
con termitas...

¿A qué viene esa cara? ¿Qué te he dicho?
¿No acabas de creerte que yo fuera el niño aquel?
No sé qué significan tantas muecas.
Has sido tú, sí, tú la que empezaste
con todas tus anécdotas de playa y de marisco.
Si tanto te molesta que te cuente yo las mías
quizá sea mejor no hablar de nada.

Pollensa, Mallorca, 1997

EL MURO

Enfrente de la cama hay un espejo
que no refleja más que lo que quiere.

Te gusta (es funcional, te hace delgada).
Me espanta, porque casi ni me mira.

Su luna, ya sin marco, larga, austera
–piscina de no más de un par de calles–

refleja nuestra colcha muy estrecha,
las dos mesillas juntas (demasiado).

Yo duermo de este lado, tú del otro
y en medio hay una fina línea blanca.

Serán, en el espejo, dos centímetros.
Podrían, nuestros dedos, abrazarse...

En esos dos centímetros, la estepa siberiana.

Berlín, 1998

LA BARRICADA

Los niños nos habrían cambiado para siempre.

Por eso defendíamos la paz del dormitorio
poniendo tras la puerta la butaca que heredaste
de tu abuela.

A veces creí ver a la señora haciendo punto
(Penélope sumida en su silencio color *beige*),
sin mucho afán de vernos retozar como lobeznos.

Si no fuera por esas escapadas clandestinas
que a ti te devolvían a las playas de tu cuerpo
y a mí al islote triste de una copa (o dos, o tres),

los niños, amor mío, nos habrían
cambiado para siempre.

La opción –inaceptable– hubiera sido no tenerlos.

París, mayo del 98

FEDE PERDUTA

Me saco a pasear casi sin ganas,
tan solo por marcar mi territorio:
tus *piazzas* y tus *vicolos*, tus paredes ocres,
tus claustros y tus templos.
Entro en uno,
la casa de una orden mendicante, con vestigios
de Vesta o de Afrodita. Me juego el anular y el índice
al susto eterno de tu *Bocca della Veritá*
y tomo un tibio helado al amaretto
en una esquina tuya con kiosco y fontanella.
Termino bajo el óculo del *Pantheon*:
su lluvia equivocada de monedas amarillas
me indica dónde tienes sepultado a Rafael.
Me saco a pasear, casi sin ganas,
después de haber echado el poco tiempo
que tuve en tu clepsidra inagotable.

Chè peccato...

Roma, Año Santo, 2000

LA PUERTA DE ORIENTE

Tú nunca acertarías, por el peso, cuánto vale,
con esa marejada de piel fina,
un par de berenjenas.

Por eso se las pones en las manos
al viejo y desdentado libanés que te sonríe,
que no sabe palabra de alemán.

Y esperas que las meta en una bolsa de papel,
te pida un euro
y, al dártelas, procure que se vea su regalo:

un ramo, casi azul, de perejil.

Stuttgart, 2002

LA MONTAÑA MÁGICA

Me has vuelto a acompañar a este congreso
y observas cómo escucho los balances y estrategias.
Subrayo cada gráfico con gestos de interés,
con cara de *apparatchik*.

El resto son parejas de sesenta para arriba:
los viejos comerciales que se escapan a fumar,
las damas que al besarte (engalanadas, caedizas)
te dejan una mancha de carmín en la mejilla,
se enredan al contarte cirugías de sus padres.

—Prométeme que no somos así –dices en broma.
Pero es cuestión de tiempo, ya lo sabes:
un día, en un congreso de un hotel todo incluido,
tú ya no guardarás el gesto cómplice en el bolso
y yo no diré nada, por si acaso.

Zúrich, 2004

NUESTROS HIJOS, 1: MATILDE, LA ESCRITORA

Qué dolor, Dios mío, qué dolor.

Matilde nos miraba sonriente.
Sus letras eran grandes jeroglíficos.
Su folio estaba sucio de virutas
de goma de borrar. Cuatro renglones
caídos como postes de telégrafo en la guerra.

Volví a leer, incrédulo, el comienzo.

«LA HERMITA ESTAVA YENA DE CRELLENTES»

Matilde nos mostraba su cuaderno
con esa frase absurda del dictado
que había dibujado con mayúsculas de forja.
Sus ojos nuevos, pálidos, redondos,
hurgaban en los míos rastreando el «aprobado».

«I HERNESTO APROBECHÓ PARA ROVAR UBAS AL CURA».

Qué dolor, Dios mío, qué dolor
(pensé en el Cristo aquel del aula de EGB).
Traté de hablar. Traté de decir algo.
Traté de decir algo con sentido.

—Eso debe de ser la educación bilingüe... –comentaste.

Noté el frío en el pecho, de tu risa.

Ginebra, 2010

NUESTROS HIJOS, 2: ALONSO, EL NATURALISTA

Un par de cachalotes se sumergen,
muy lentos, en los huecos de un Atlántico aterido.

Pingüinos apostados en la playa
tapizan las arenas de un color negro brillante.

El cielo está manchado de graznidos de gaviota.

En cubierta del barco ballenero
un pueblo de barbudos, entre plásticos naranja,
afila sus arpones. Carcajadas,
palabras gruesas en dialectos de vikingos.

Tú sigues a mi lado, leyendo, distraída.

—No entiendo cómo ponen estas cosas
en horario de público infantil.

Muy pronto queda la isla rodeada
de un manto denso, rojo, impermeable:
la sangre de millones de cadáveres de focas.

Tú y yo vemos atónitos
al niño —a nuestro niño— que merienda,
merienda mientras mira la matanza
y esconde los pulgares en la espesa gelatina.

Ginebra, 2011

41

BUSCANDO EL TERCERO

Amarse hacia el final es navegar dentro de un puerto.
Qué sucios son los surcos. Qué seca está la espuma.
Se nota el alquitrán y el azufre y el aceite,
las larvas purulentas, los pedazos de maroma.
El tiempo es arenoso como almíbar oxidado.

Nosotras, las dos carpas, tan hinchadas como globos
–qué gordas nos mantienen con un trozo de pan duro–,
nosotras acudimos, perezosas y sedientas
ponemos nuestros labios untuosos sobre el folio
traslúcido del mar y masticamos un anzuelo.

Un niño desde el muelle, con un corcho y una caña.

Ostende, 2014

HAZAÑAS BÉLICAS

De nuevo me has pillado y todavía
parece que estuviera en la batalla.
Ya son las cinco y es casi de día
y yo estoy con un charco de grisalla

encima. Como en toda guerra fría
la sangre es gris, la bomba nunca estalla,
no es más que un hormigueo la metralla;
la luz es una luz de enfermería.

Tú entraste sin llamar y me dijiste:
—¿Qué miras? ¿Pero sabes qué horas son?
Así que me volví contigo al frente.

No quiero ni pensar cómo me viste...
Me pasa por mirar la colección
de cromos de cuando era adolescente.

Ypres, 2010

DORMIR SEPARADOS

Tomabas la pastilla efervescente de mi nombre,
disuelta entre lo poco que quedaba por decirme.

En otra habitación dormía yo, pero al contrario.
Tu nombre entre mis labios y tu olor entre mis sábanas.

—Te mueves demasiado —me habías dicho un día—
y roncas demasiado. Será hasta divertido:
te mudas esta noche al dormitorio de invitados.
                                    [¿Recuerdas?
Hacíamos lo mismo en casa de mis padres.
Tan solo habrá un tabique. ¿Ves? No es ningún drama.
Ya somos mayorcitos. —¿Y los niños?
—Pues qué más da qué piensen, si ya no nos hacen caso.

Pero hoy todo lo inunda este silencio inesperado.
No escuchas mis ronquidos. Fantaseas:

«Ha sido fulminante... El corazón...
No, no estaba enfermo.
Sí: a su padre le pasó lo mismo».

Sonríes al pensar que te pondrías cualquier cosa.
Te irías sin siquiera comprobar que no respiro,
dejándome, cadáver, tu almohada entre los brazos.

Ginebra, 2015

44

CINCO MINUTOS DE ETERNIDAD

¿Recuerdas los minutos que buscábamos a ciegas?

¿Aquellos que el destino nos tenía,
seguro, en algún sitio, reservados?

¿Recuerdas cuántos viajes y cruceros?

¿Y cuántos paradores, restaurantes,
salidas de una noche, balnearios, senderismos,
y cenas, catas, bodas, guías subrayadas?

¿Recuerdas cuántos planes deshicimos
buscándolos?

Y ahí: en aquel rincón nos esperaban.

Podíamos contarlos con los dedos de la mano
que nos dimos.

Fue al cabo de aquel día romano:
la puesta de sol en el balcón de Villa Medici.

¿Recuerdas qué pasó cuando al final aparecieron?

Ya entonces nos mirábamos, perplejos
de no ver el momento de que se terminaran.

Roma, 2016

MEMORIAL

Los dos nos celebrábamos con fuegos de artificio,
con cítara y tambor, con espadín y con bicornio.

Las líneas fronterizas aún no eran visibles.
La música de Haendel inflamaba nuestro espíritu.

(Ya había algún amigo maldiciendo su destino
en cierto apartotel, cenando solo, con catarro…).

Tratamos de avanzar algunos metros: fue imposible.
Surgieron los tullidos y los locos y los muertos:
las pólizas, las cuentas y los plazos y las primas.

El frío cercenó nuestro valor, y nuestro mutuo
respeto, y un buen día, cada uno con sus armas,
volvimos a salir de no recuerdo qué trinchera

tratando de pasarnos a cualquier bando enemigo.

Viena, 2016

La edad de las golondrinas

…ni cogeré las flores,
ni temeré las fieras,
y pasaré los fuertes y fronteras.

San Juan de la Cruz

If space and time, as sages say,
Are things that cannot be
The fly that lives a single day
Has lived as long as we.

T. S. Eliot

VATICINIO

Legerat huius Amor titulum nomenque libelli:
«Bella mihi, video, bella parantur», ait.

Ovidio, *Remedia Amoris*

—Doctor, doctor: mi vida está en sus manos.

El médico eludía la mirada del maestro,
su tez de plata negra
(y toda la cuadrilla, alrededor,
sabía ya cercano el desenlace).

Un pálido susurro
pedía un sacerdote. Una novicia
tomaba la muñeca, ya huérfana de pulso.

El médico sajó la media fucsia. Por debajo,
la risa tragicómica de la cornada.

La historia nos la cuenta un guía joven,
delante del vestido, casi en blanco y negro,
(tesoro del museo taurino de provincias).

Me acerco a la etiqueta iluminada
por un neón color de crisantemos:

«El terno grana y oro que llevaba
el diestro Salvador Gamero
la tarde de su cogida
en esta plaza de toros».

Y luego vuelvo a ti, que me sonríes
con esa indiferencia de las bálticas
(que no entienden de toros, ni lo intentan).

«En caso de percance –pensé yo–
el médico debiera, por lo menos,
tener un sitio por donde cortar,
un hueco para hacer volar el alma...».

Así que aquella noche me dejé los calcetines.

Córdoba, 1986

LA PIANISTA

Hacía un frío espeso. Carnal, casi. (Las ventanas
no estaban bien cerradas). Tú dormías
lo más cerca posible de la estufa.

Pasabas todo el día frente al piano
(te habías aprendido las sonatas de Beethoven
y todo el repertorio de la Escuela de Moscú).

Tenías una suma palidez de partitura:
con cada nota falsa, un varetazo en el trasero.

Y luego, al graduarte, llegó el viaje en autobús:
papeles inventados, la promesa,
que ya intuías falsa, de un empleo
cuidándole los hijos a un solista de violín.

Pasada la frontera, en aquel bar de la autopista,
te dieron un bikini y un cursillo acelerado
de barra americana.

Ya huérfanos de padre, entre mis manos
tus pechos se amoldaron a esta casa de acogida.

Entre Austria y Checoslovaquia, 2004

TOILETTE

Asientas las caderas con confianza.
Conduces tu montura a paso lento.

La vas acomodando al agua tibia
que surge del revoque de la loza.

En un rincón, escribo observaciones
sobre un cuaderno rojo (grupa, manos,
cuello, alzada...).

Si quiero comprobar tu progresión
tendrás que consentirme que esta noche

te ponga, todavía, más obstáculos.

Entre Italia y Eslovenia, 98

MASHA

El perro te enseñaba desde el borde
los dientes, aún de leche.

Un dóberman criado a biberón.

El amo lo tenía bien sujeto por el cuello
a un punto de ahogarlo. —Si lo suelto
te come –bromeaba.

Veías el acero con espinas en el cuello
y el oro del reloj en la muñeca.

Tu edad perdía pie en la parte lenta del jacuzzi.

Marbella, 2016

EL JUEGO DEL ALFIL

> Una caratteristica comune a tutti i gio-
> catori di scacchi sembra quella di non
> voler ammettere, una volta sconfitti,
> che la loro posizione era indifendibile.
>
> Paolo Maurensig

Como sé que de muy niña
practicabas ajedrez
nos batiremos en duelo
cuando me toque la vez.

Me enrocaré en tu apertura,
buscaré tus diagonales
y mandaré mis caballos
con sus aletas caudales

a la línea defensiva
de tus tubos de neón
a rastrear la ranura
por donde quepa un peón.

Y, aunque tú celes tu dama
y la pongas de perfil
y yo sitúe mis torres
con ayuda del alfil,

escaparás a mi jaque,
tu rey salvará la vida
porque no tendremos tiempo
de terminar la partida.

Cuando te tenga sitiada
nos tocarán a la puerta.
Volveremos a hacer tablas
y será a la descubierta.

Moscú, 2016

LA HEROÍNA

Su mano envejecida, al despertar, seguía allí,
las yemas recorriendo lo palúdico del vientre.

Trató de recordar de qué trataba la película.

¿Seguía en la caldera, rodeada de bantúes,
en casa del negrero, entre los brazos del gorila?

Y quiso incorporarse, pero vio que no podía:
tenía las muñecas anudadas con raíces.

Gritó pidiendo ayuda. El director, casi un anciano,
paró la filmación para ofrecerle un vaso de agua.

En algo recordaba –pero ¿en qué?– a su propio padre.

Budapest, 2007

CALIMA

Cual ánfora de barro, torneada desde dentro,
de niña recorrías, por sendas invisibles
el tramo de sabana entre la escuela y el poblado.

—*C'est l'harmattan qui passe*
–decían los ancianos al mirarte.

Hoy corres otro tipo de distancias,
te acercas a los coches.
Alguno se detiene.

Te fundes con tu grupo de gacelas,
te acercas a beber al agua tibia

y temes al león, al leopardo.

Cerca de Barcelona, 2018

MARINA

El traje azul marino transparenta:
te deja al descubierto las simas oxidadas,
los bancos de medusas, los pecios, los corales...
Te has visto en el espejo y me lo adviertes
a punto de salir: —Enseño mucho.
¿Me pongo otro vestido?

—No, no hay tiempo. Vete así, da igual.

Te tomo de la mano (mi pulgar
te busca la ironía dentro de la palma).

—Mi novia –les diré a todos más tarde–
no entiende el español. Nos conocimos en Ucrania.
Marina, yo la llamo, por eso va de azul...
(Pondré mi mano entonces a la altura
de tus pechos).

Sabrás bajar la vista –o eso espero–
cuando ellos, sin tocarte, te hagan agua.

Helsinki, 2019

LA VIUDA NEGRA

Rozaste con la palma la inquietud del mármol negro,
sus vetas quebradizas, sus torsiones,
sus trozos de amonita calcinada,
pulida hasta quedar como un espejo.

—Tenemos más colores, más texturas,
aquí la variedad es infinita.
–te dijo el dependiente sin quitar
la vista de tus pechos.

Trajeron un catálogo en cirílico
y un par de formularios. Escribiste
su nombre y las dos fechas.

—Me quedo con la piedra más barata
–dijiste, ajustándote las gafas
de sol, con un mohín a punto de sonrisa–,
fue siempre una persona de gustos muy sencillos.

(Y no firmaste el cheque sin antes preguntar
si había algún descuento que aún desconocías).

Belgrado, 2019

LA HORA DE PAGAR

> O Little restaurant where lovers eat each other
>
> W.H. Auden

—¿Por qué no me permites
que pague yo los dos cafés?
Si tengo mucho suelto...
–Me saco del bolsillo las monedas,
las cuento–. Me parece
que nos llega. ¿Ves?
Tres euros treinta.

—Veamos esa cuenta –cojo
el papelito–. Vaya, son tres cincuenta y cinco.
¿No tendrías dos de veinte,
tres de diez o una de cincuenta?

Tú arrugas tu billete por debajo de la mesa.
Son diez euros: de sobra alcanzaría
para un par de cafés.
Podríamos incluso convidar a la pareja
de ancianos de la mesa de aquí al lado
que toman té con leche, sin mirarse.

Sacaste tu billete hace ya un rato
tratando de ocultar con tu sonrisa apresurada
las ganas de marcharte, de decirme
adiós (que me ves bien, o como siempre,
que el tiempo no ha pasado, que seguro
que a mi también me está esperando alguien).

Yo insisto en invitarte, lo deseo a toda costa:
—me tengo que quitar estas monedas del bolsillo;
si no me dejas, puedo hasta ofenderme.

Tú ganas, al final.
y dejas tu billete sobre el plato.
Yo saco mis monedas. En total, trece con treinta.
La suma de los dos es demasiado (pienso, a la salida,
después de habernos dado un beso al aire)
para un café con leche, ya sin nada que decirnos.

No sé si entrar de nuevo y recoger el cambio.

Madrid, 2015

UN CUENTO VICTORIANO

En una casa cerca de York, 2019
Personajes:

Linda, a quien no veía desde hacía treinta años
Un caballo
Unas ranas
María Callas
La Reina de Inglaterra
Yo

Yes, that's it! Said the Hatter with a sigh, it's always tea time.

Lewis Carroll

I

La casa familiar, con su buzón recién pintado,
sus puertas de madera laqueada,
su *welcome home* grabado en el felpudo.

La casa familiar con pérgola de rosas,
con ángel que hace pis sobre un estanque de nenúfares
y enano barrigón que observa ufano los membrillos.

La casa familiar que se reparte entre los libros
de yoga y de cocina y el balón de hacer pilates,
la piel del leopardo que cazó tu padre en Kenia.

La casa familiar contiene todo el horror vacui
de tu infelicidad.

II

La casa la heredaste de tus padres,
dejaste allí crecer tu invernadero,
(la estufa fría de tu adolescencia).

En este invernadero imaginaste tu futuro:
tres hijos, un marido y un jardín.

Y el musgo te crecía en el pudor sin darte cuenta.
La luz se hacía verde en los cristales de tus gafas.

Un día comprendiste lo que menos esperabas:
la casa había muerto de una larga enfermedad,

tus padres no acababan de morirse con los años,

los hijos no llegaron: llegaron las orquídeas.

III

Saliste a recibirme
con un mandil a cuadros enroscado a la cintura
y un *lemon cake* caliente entre las manos.

Teníais (tú, el pastel)
la misma redondez acrílica y opaca
con un leve matiz anaranjado.

De tan apetecibles, parecíais los dos falsos:
pasteles de mentira que en las tiendas de cocina
sitúan en fogones apagados
y encimeras limpias.

¿Y cuánto hará de aquella otra delicia de limón
que, ni ácida ni dulce, me ofrecías?

Qué lejos de este *lemon cake* que sacas a la puerta:
su aspecto es la evidencia
del tiempo transcurrido sin que nadie los probara.

IV

Sonríen las mejillas sonrosadas,
con cada travesura de tus pecas.

Quisiera pasar lista, ver cuál falta,
ponerlas a trotar en fila india
sobre esos muslos blancos, protestantes,
de eterna candidata para un Rubens.

Qué malas: te disfrutan por su cuenta.

No entiendo por qué ya no las castigas.

V

Me invitas a pasar a la cocina,
colegio de monjitas del *tea time*.
Tras una celosía nos observan,
las tristes, las humildes cucharillas
junto a una mermelada que es la madre superiora
y un pan sin levadura que es el capellán.

Ay, tus cucharillas: cuántas tazas
de té habrán removido, cuántos posos
habrán dejado exangües, cuántas uñas
pintadas, cuántos rictus y cuántas dentaduras
postizas. Ay, tus cucharillas. Pobrecita
de aquella que me toque confesar

con estos labios.

VI

Preparas confituras con la fruta del jardín.

Las tienes alineadas en frascos de colores,
el ocre, el verde, el rosa, el bermellón:
tu extensa colección de amores no nacidos.

Los miro, los sopeso: en su interior
hay frutas con aspecto de hombre calvo.

Te amaron todos ellos, o soñaron con amarte.

Por dentro de su pulpa adormecida
circula todavía el tenue almíbar del deseo.

Les pones un letrero escrito a mano con la fecha.

Los dejas macerar para compota o mermelada.

VII

Me ofreces un *plum cake* con pretensiones de Titanic.

La proa debe ser este triángulo
de acero sin soldar y cacao puro
repleto de tachuelas oxidadas,
de nueces, de avellanas, de pistachos...

Recuerda cómo fue: zarpó de Europa.

Surcaba el mismo mar con icebergs de plata.

Habían embarcado muchos otros como tú
buscando el horizonte de un nuevo continente.

También ellos pensaron que sería insumergible.

VIII

Y has puesto la tetera a calentar
y dentro el agua hierve a borbotones.

Y fuera está la lluvia, con su efecto igualador,
su tinta color sepia de novela victoriana.

—*You should have come earlier;*
now everything is gloomy.

Asiento sin saber
a cuál de nuestras vidas te refieres.

IX

Me sirves té en el juego
de fina porcelana con la efigie de la reina.
(No sé si habrá algún modo de beber sin profanar
la tiara de zafiros repujada en oro blanco).

—*Milk, sugar?* –me preguntas
con suave diligencia de azafata.
—*Nothing, thank you.*

El té me sabe a Commonwealth,
a club de caza en Kenia, a plantación de esclavos
en Missouri, a travesía en el Queen Mary,
a *cricket* en las faldas del Kilimanjaro.

Tú llevas un buen rato comentándome
que aún no te has repuesto de la muerte
de tus padres.

X

Y mientras, tú, de fondo, has puesto un disco:
María Callas en el Royal Albert Hall.

La diva nos sonríe como un cisne.
La foto es de la época en que, perdida ya la voz,
pasaba todo el tiempo dedicada a ser orquídea.

La vemos enfundada en un vestido con escote.
Nos mira: su sonrisa es de alabastro.
Dos cráteras etruscas son sus ojos.

—*I love her Norma* –dices, y te alisas
la falda de cuadritos escoceses.

Yo asiento y luego miro hacia otro lado.

XI

La sala tiene aroma de naranjas de Sevilla.

Encima de la tele has puesto souvenirs
traídos de frondosos archipiélagos:
Madeira, las Bahamas, las Maldivas, las Seychelles.

Y luego el escuadrón de bailarinas de Lladró:
tullidas, mutiladas, cojas, mancas
(alguna, pobrecita, sin cabeza).

Contemplo tu retrato en plan duquesa adolescente,
montada a lomos de un hannoveriano.

Parece que estuvieras pasándonos revista:
tu cuerpo, todavía, todo pompa y circunstancia.

XII

Me ofreces otro té con sus maldades crujientes.

Las pastas, que son pura mantequilla
–cantantes calvas de tu *troupe* de dulces–
se funden al contacto con mi *rooibos* de canela.

Me dices, con candor solo aparente,
(la menta, el chocolate amargo
y el punto de crueldad de la frambuesa):

—*What happened to your marriage? You looked so happy...*

XIII

Y llega el desenlace:
un leve movimiento, un paso en falso,
el fleco de una alfombra moribunda.

Tropiezo:
la taza que sostengo entre las manos
se rompe y mancha toda la moqueta.

—*I'm sorry...*

Y tú, felina aún, recoges los pedazos
sin darme la ocasión de que repare
en tu disgusto.

—No *worries. I never liked them that much.*

Sonríes sin perder la compostura.

Debía ser la taza que quedaba
y deja el juego para siempre impar.

Los días de diario no hacen prisioneros.

XIV

Me enseñas, al salir,
las ranas del estanque.

—*Don't think they're dead. Not yet.*

Me explicas que en invierno
se vuelven tan duras como piedras:
no comen, no respiran
(te salen, en el fondo,
muy baratas).

—De puro impermeables a la vida
seguro que, al final, nos sobreviven
–comento.

El agua tiembla un poco a nuestro paso.

—*Indeed* –sonríes, dándome la espalda.

LAS ESCALAS DE PONIENTE

...and every day a sunset dies.

William Faulkner

CARTA A MI FUTURO

Querido hijo mío,

si lees estas líneas yo estaré en el buen camino:

vendrás a visitarme algunas veces
con esa complacencia que yo usé con mis mayores,
con esa habilidad para adaptarme a su sonrisa,
reír sus bromas tristes,
fingir que no he notado
que pierden el discurso, que se olvidan.

La edad me habrá traído comprensión.

Sabré el valor de todo lo pequeño
y habré logrado cierto bienestar,
ligado al buen gobierno de uno mismo
(las dietas, el cuidarse, el moderar
la sal, el hacer algo de ejercicio).

Lo llaman, quienes saben, *madurez, sabiduría*.

¿La vida? No me quejaré.
Tendré, como decían los soldados,
«conciencia plena del deber cumplido».
Debí de hacer mi parte en no recuerdo qué trinchera.
(Bastante será ya que no me tome las pastillas
mezcladas; que recuerde que el jarabe
son solo cuatro gotas
y que un martes al mes me toca cita con la *fisio*).

Tendrás algo de prisa, ejercerás
de padre de tu padre, mirarás qué tal me han ido
los últimos análisis. (Regular, como esperabas).
Me habrás incorporado a dar dos pasos
(la casa del anciano es como el nido del jilguero)
y luego notaré tu rictus tierno en el abrazo,
tu intento de apartarte de la mancha del batín.

—No olvides darle al niño recuerdos de su abuelo.
Sí, perdón, ya sé que es una niña.
Y llama por teléfono a tu hermana cuando llegues.

De noche llamarás, venciendo la pereza.

—Lo he visto más contento –le dirás–.
Un día deberíamos sacarlo a comer fuera.
De vez en cuando, me reconocía.

Alicante, Residencia Vistahermosa, 2028

EL CUMPLEAÑOS

—Me acerco, ya sin prisas, a la edad
que siempre tuve –comentó.
Y luego dio las gracias por estar
tan bien cuidado.

Sopló todas las velas.

Cantaban los amigos melodías infantiles.
Le dieron un pastel, un cucurucho,
docenas de enfermeras se acercaron a besarlo.

Después se lo llevaron a dormir junto a la tele.

Alicante, Residencia Vistahermosa, 2028

HORIZONTAL: SEIS LETRAS

A veces caigo al mar, mientras espero.
Me duermo braceando en la papilla
de químicos que mezclan con el suero.
Me ladra un perro, quieto, en otra orilla.

Despierto al libro, al vaso, a la pastilla
del martes. Me visita el enfermero.
Me acerca un flan con una cucharilla.
—¿No tiene una aspirina? Lo prefiero.

Ya nadie se lamenta. Nadie llora.
Me llega un olor rancio de letrina.
No alcanzo el pulsador desde la cama.

No pasa nada: luego, en media hora,
traerán la nueva dosis de morfina.
Da tiempo de acabar el crucigrama.

Alicante, Hospital Central, 2029

CIPRESES

Un muro y una hilera de cipreses
no siempre significan lo que esperas.

A veces significan lo contrario:
son una extraña pieza de arte efímero.

Un muro y una hilera de cipreses
podrían ser un alto entre dos pueblos,
un coche detenido, cuatro manos
y un mapa indescifrable al que tendremos
que hacernos, de mis ojos
a tus labios.

Por eso, si equivocas el camino
y llegas hasta aquí, no tengas prisa:

no puede durar más de lo que dure
tu breve confusión,
la eternidad.

Cremona, Italia, sin fecha

Madrid, 21 de diciembre de 2018

Estimados Matilde y Alonso:

Enterados de vuestra pérdida, queremos transmitiros, en nombre del equipo editorial, nuestro más sincero pésame.

Fue un poeta notable, vuestro padre. Por desgracia no era escritor profesional, ni profesor, ni crítico. Los libros que escribió no evitaron que se le tuviera por un mero aficionado, un diletante, un intruso entre los poetas de su generación.

Unas semanas antes de fallecer, vuestro padre nos envió una colección de miniaturas europeas, ligadas a su propia vida, atendiendo a nuestra propuesta de explorar el género de viajes. Vosotros mismos aparecéis, de niños, retratados en un par de poemas. No era lo que pedíamos, pero podría encajar, sin forzarlo mucho, en el concepto de nuestra colección dedicada a viajes por Europa.

En cuanto al provecho económico, no os hagáis ilusiones: publicar poesía —aunque sea disfrazada de libro de viajes— es apostar contra la banca. A nosotros, el roto en las cuentas —uno más— nos dolerá menos que otros: será un pequeño acto de justicia poética.

Quedamos a la espera de vuestra decisión.

Atentamente,

Los editores

ÍNDICE

LA EDAD DE LAS GOLONDRINAS

UN CUENTO VICTORIANO